Los celtas para niños

Un apasionante repaso a la historia de los celtas, los antiguos britanos y sus conflictos con los romanos

Índice de contenidos

Introducción

¿Ha oído hablar alguna vez de la genealogía, la ciencia de la genética y el ADN? El ADN es como la huella dactilar de nuestro cuerpo. Está presente en todas las células. Cada persona tiene una mezcla única de ADN. Los científicos que investigan los orígenes de las personas y sus descendientes pueden utilizar el ADN para rastrear la ascendencia humana, los lugares donde vivieron y mucho más. Estos científicos se llaman genetistas.

La ciencia genética se ha convertido en una de las herramientas más valiosas para rastrear la herencia de los pueblos antiguos y modernos. Por eso, ahora sabemos mucho más sobre los celtas que hace sólo unas décadas.

Gran parte de lo que sabemos sobre los celtas procede del arte y los artefactos (objetos) excavados por los arqueólogos, ya que los celtas no dejaron registros escritos. Los ajuares funerarios (objetos enterrados con los muertos) son especialmente valiosos para averiguar qué usaba y atesoraba la gente.

Los documentos escritos que tenemos sobre los antiguos celtas fueron redactados por sus enemigos, los griegos y los romanos. La historia y el folclore celtas no se escribieron hasta la Edad Media. Su historia se entrelazaba con leyendas y mitos de magia, héroes invencibles y seres sobrenaturales.

¿Está preparado para descubrir quiénes son los celtas, de dónde vienen, cómo vivían y dónde y quiénes son hoy? Entonces, ¡empecemos!

Había muchas tribus celtas. Durante un periodo que se denomina Edad de Hierro, grupos o tribus que compartían una lengua similar y hábitos parecidos vivían por toda la parte central y occidental de Europa. Estas tribus se conocieron colectivamente como los celtas.

Los celtas no eran una nación unida. Los celtas se casaban fuera de sus tribus. También trajeron a otros pueblos y grupos étnicos a sus tribus. Al mezclarse y extenderse por Europa, adoptaron costumbres y palabras de otras culturas.

Datos interesantes

- Los celtas no se llamaban a sí mismos celtas. Cada tribu tenía su propio nombre.

- Los términos "celta" y "gaélico" se utilizaron por primera vez en el siglo XVIII en los escritos en inglés antiguo.

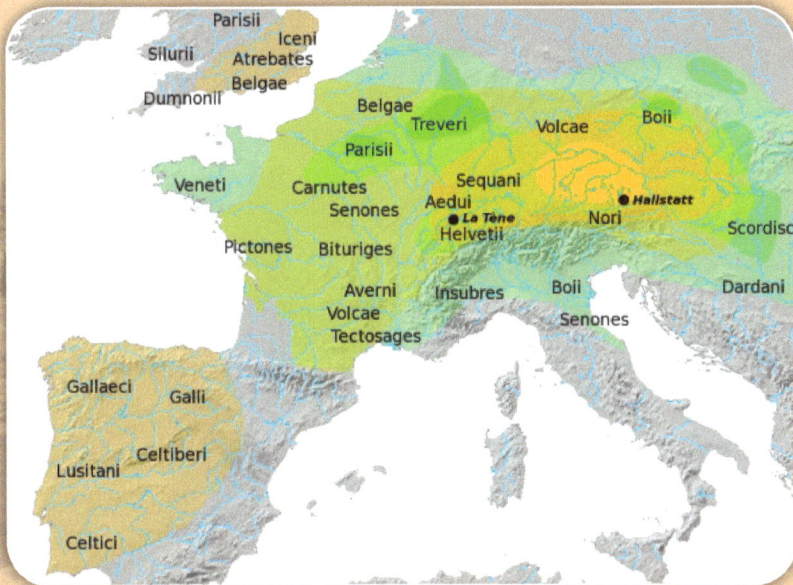

Propagación de las tribus celtas en la Edad de Hierro

- Los celtas no procedían de un solo lugar ni acabaron todos en el mismo sitio.

- Durante mucho tiempo, los eruditos creyeron que los celtas se originaron en la cultura Hallstatt de Austria y se convirtieron en la cultura La Téne de Suiza. Ahora ya no están tan seguros, ¡porque se han encontrado artefactos similares de la misma época en otros lugares!

La Edad de Hierro

La Edad de Hierro es la época de la historia en la que el hombre aprendió a utilizar el hierro. Antes se utilizaba el bronce, un metal hecho de cobre fundido con un poco de estaño. Fue la Edad de Bronce. El periodo anterior se denominó Edad de Piedra porque se fabricaban herramientas y objetos de piedra y madera.

Maqueta del asentamiento de Hallstatt

Raíces celtas

No sabemos con certeza de dónde proceden los celtas. Científicos y estudiosos discuten incluso sobre cuándo comenzó la cultura celta. Se han encontrado restos de su vida cotidiana hace más de tres mil años, en torno al 1200 a. C., en algunas partes de Europa.

Su cultura se identificó por primera vez en torno a los asentamientos de Hallstatt, en Austria. Prosperaban gracias a sus valiosas minas de sal. La sal era un bien esencial para todos los pueblos antiguos. ¡No tenían frigoríficos ni conservantes para mantener los alimentos frescos! Pero los antiguos eran innovadores. Utilizaban la sal para conservar y secar los alimentos y evitar que se pudrieran.

Su rastro se retoma más tarde en La Téne, en Suiza, hacia el año 450 a. C. Se trataba de la misma cultura, aunque dicha cultura era muy diferente. Se trataba de la misma cultura, aunque su metalurgia y su vida cotidiana eran más avanzadas que las de la cultura de Hallstatt.

Por esa misma época, algunas tribus celtas emigraron a Gran Bretaña e Irlanda. Grupos de celtas ya se habían asentado allí. Se habían mezclado con los habitantes locales.

El nombre "celtas"

Algunas de las primeras tribus celtas de la Europa continental se desplazaron hacia el sur, a través de los Alpes, hasta las actuales Suiza y Francia. Allí conocieron a los griegos. Los griegos tenían un puerto comercial en el Mediterráneo, en Massalia (la actual Marsella, en Francia). En el año 517 a. C., los escritores griegos dieron a los celtas el nombre de "Keltoi", que significa extranjeros o bárbaros.

Con el tiempo, los celtas emigraron hacia el oeste y el sur. Hacia el año 500 a. C., los celtas ya se habían asentado en partes de España y Francia y se habían extendido a Gran Bretaña e Irlanda.

Con el tiempo, los celtas se asentaron en cuatro zonas principales:

- Los romanos llamaban galos a las tribus que se asentaron en la mayor parte de la actual Francia, Italia, Bélgica y Suiza. Los romanos los conquistaron en las Guerras Galas. Estos cultos adoptaron la cultura romana.

- Las tribus que se asentaron en Inglaterra, Escocia y Gales recibieron el nombre de britanos. El término britanos incluye también a los habitantes anteriores a los celtas.

- El tercer grupo principal de tribus vivía en la isla de Man (Mannin en gaélico) y en Irlanda (Eire *eye-ree*) en irlandés o gaélico). Se les conocía como los galos. Los dialectos de la lengua gaélica se denominan goidelic (*goy-del-ik*). Los galos vivieron más tarde en Escocia (Alba en gaélico).

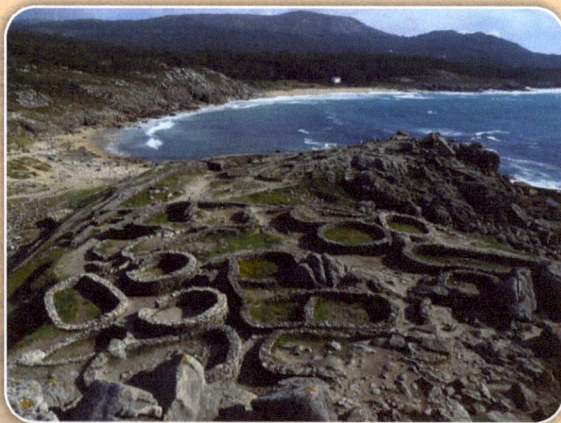

Poblados celtas en Galicia, España

- El cuarto grupo se asentó en el noroeste de España, en una zona llamada Galicia. Se llamaban Gallaeci (*Ga-lee-see*). Sus descendientes aún viven allí y hablan una lengua celta. También celebran fiestas paganas celtas.

Algunos estudiosos creen que la migración de los celtas a Gran Bretaña e Irlanda se produjo lentamente a lo largo de muchos años. Otros están convencidos de que las principales ramas se desplazaron en migraciones masivas (*grandes*). Durante una migración, la gente se desplaza con todo lo que posee para establecerse en nuevas tierras.

¿Recuerdas el estudio de la genética del que hemos hablado antes? Pues bien, los genetistas analizaron el ADN de grandes grupos de personas de hoy en día en el Reino Unido e Irlanda. Compararon el ADN con el antiguo ADN celta. Llegaron a la conclusión de que los celtas se trasladaron allí en varias migraciones, grandes y pequeñas, a lo largo del tiempo.

Aunque esto parece complejo, es muy emocionante para genetistas, lingüistas, antropólogos, arqueólogos e historiadores. Es como un gigantesco rompecabezas en el que tienen que trabajar juntos para descubrir las raíces de los celtas y otros pueblos antiguos. Quizá el descubrimiento más interesante en lo que va de siglo sea que los antiguos celtas no tenían un único origen genético o identidad étnica.

¿Puedes decir cuál de las siguientes afirmaciones es verdadera o falsa?

	PREGUNTA	VERDADERO	FALSO
1.	Los celtas procedían de China.		
2.	Los celtas llegaron a Inglaterra durante la Edad de Piedra.		
3.	Los celtas aprendieron a trabajar la madera en la Edad de Hierro.		
4.	Los celtas eran despiadados invasores de nuevos países.		
5.	Los celtas dominaban la artesanía del hierro.		
6.	La cultura celta se remonta a Hallstatt, en Austria.		
7.	Los celtas aún viven en Galicia, España, con sus propias costumbres, lengua y fiestas.		
8.	Los celtas se mezclaron con otros grupos étnicos y tribales.		
9.	Los historiadores lo saben todo sobre los celtas gracias a la lectura de sus libros.		
10.	Otros pueblos vivían en Gran Bretaña antes de la llegada de los celtas.		

Respuestas del capítulo 1

	PREGUNTA	VERDADERO	FALSO
1.	Los celtas procedían de China.		X
2.	Los celtas llegaron a Inglaterra durante la Edad de Piedra.		X
3.	Los celtas aprendieron a trabajar la madera en la Edad de Hierro.		X
4.	Los celtas eran despiadados invasores de nuevos países.		X
5.	Los celtas dominaban la artesanía del hierro.	X	
6.	La cultura celta se remonta a Hallstatt, en Austria.	X	
7.	Los celtas aún viven en Galicia, España, con sus propias costumbres, lengua y fiestas.	X	
8.	Los celtas se mezclaron con otros grupos étnicos y tribales.	X	
9.	Los historiadores lo saben todo sobre los celtas gracias a la lectura de sus libros.		X
10.	Otros pueblos vivían en Gran Bretaña antes de la llegada de los celtas.	X	

En la actualidad, la mayor parte de la cultura celta está vinculada a Irlanda, Escocia, Gales, la Isla de Man, Galicia (un extremo de España) y Bretaña (el extremo de Francia).

Irlanda ya tenía habitantes cuando llegaron los celtas. En los últimos años, los genetistas descubrieron que algunos antiguos pobladores de Irlanda tenían ADN de Oriente Próximo. Tenían la piel oscura, el pelo negro y los ojos marrones. Los pueblos posteriores, incluidos los celtas, trajeron genes con más diversidad (*diferencias*) en los colores de la piel, el pelo y los ojos. El ADN más antiguo analizado hasta ahora en Gran Bretaña pertenecía a un joven de tez muy oscura, pelo negro y ojos azules brillantes.

Tumbas, majanos y túmulos

En Irlanda hay enterramientos y majanos (*rocas apiladas que pueden servir de monumentos funerarios*) famosos en todo el mundo que datan de miles de años antes de la Edad de Hierro y las últimas migraciones celtas. No sabemos quiénes fueron estos constructores, pero algunos de sus monumentos estaban intrincadamente construidos.

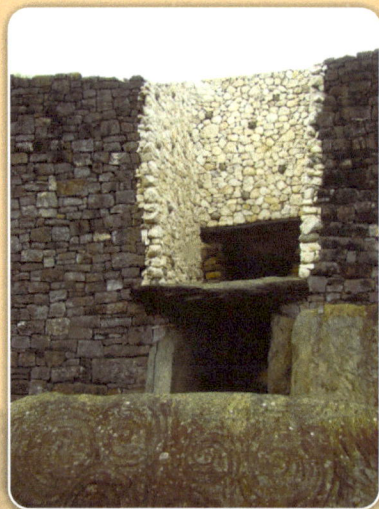

La entrada a Newgrange
Sharon Drummond; https://creativecommons.org/licenses/by/2.0/. https://flickr.com/photos/28085418@N07/4353267409

Los celtas utilizaban estos yacimientos, aunque no podemos saber con certeza con qué fines exactos. Los túmulos (*recubrimientos de tierra y piedra en forma de colina de enterramientos y ruinas antiguas*) están rodeados de grandes piedras con diseños celtas en forma de remolino tallados en ellas.

Newgrange es uno de los yacimientos más famosos de Irlanda. Motivos celtas decoran las piedras de la entrada a Newgrange.

En Newgrange, los antiguos constructores construyeron un largo pasadizo que terminaba en una cámara funeraria. Construyeron la tumba de forma que el sol brillara a través de un agujero justo encima de la entrada al amanecer durante seis días alrededor del solsticio de invierno. La luz solar se deslizaba por el pasadizo a medida que salía el sol hasta llegar a la pared trasera de la cámara funeraria central. Entonces, ¡iluminaba todos los rincones de la oscura habitación! ¿No es genial?

Newgrange y otras grandes tumbas son más antiguas que Stonehenge. También son más antiguas que las famosas pirámides de Egipto. Se construyeron durante la Edad de Piedra. Esto nos demuestra que los pueblos que vivían en Irlanda antes de la llegada de los celtas de la Edad de Hierro eran avanzados y tenían conocimientos de matemáticas y astronomía.

Los celtas que se trasladaron a Irlanda alrededor del año 500 a. C. se mezclaron con estos pueblos. Por lo tanto, podemos suponer que aprendieron habilidades y conocimientos unos de otros. Probablemente, vivían y trabajaban juntos en comunidades. También podemos suponer que los celtas más recientes eran la gran mayoría y absorbieron a los pueblos que ya vivían en Irlanda.

Datos rápidos sobre Irlanda

► **Irlanda se llama Eire en gaélico.** Irlanda también es conocida como la Isla Esmeralda por su exuberancia y verdor.

► **Hoy en día, Irlanda es bilingüe.** Hablan inglés y gaélico irlandés.

- **El himno nacional de Irlanda está influenciado por los celtas.** La "Canción del Soldado", o "Amrán na bhFiann" (*oh-rawn-na-vee-on*) en irlandés, se hace eco de las tradiciones guerreras de los antiguos celtas.

- **El Día de San Patricio celebra un acontecimiento importante en Irlanda.** San Patricio fue el obispo católico romano que consiguió convertir a los celtas irlandeses del paganismo al cristianismo. Incorporó (*combinó*) hábilmente antiguas tradiciones paganas con prácticas cristianas. Las creencias paganas sagradas de los celtas no se vieron amenazadas, y él pudo hacer que poco a poco se relacionaran con el cristianismo.

- **La Calzada de Corlea se construyó hace más de dos mil años**. Se trata de una calzada con tablones de roble llamada togher (*toe-ker*) en irlandés que data del año 148 a. C. Se conservó en las turberas de Irlanda. Los arqueólogos creen que los celtas tenían carreteras de madera que unían sus asentamientos comerciales de Irlanda y Gran Bretaña.

- **Los antiguos celtas vivían en casas redondas con tejados de paja**. A veces, las paredes eran de piedra. Otras veces, utilizaban bahareque. Este método consiste en tejer una estructura con ramas entrecruzadas y cubrirla con arcilla. A menudo, la arcilla se mezclaba con estiércol. Era completamente impermeable. Las culturas antiguas utilizaron este método en todo el mundo. ¡En algunos lugares se sigue utilizando hoy en día!

- **En otros tiempos, Irlanda estaba gobernada por grandes reyes.** Las tribus celtas de Irlanda tenían sus propios jefes. Más tarde, los caciques se convirtieron en reyes. Con el tiempo, Irlanda tuvo un gran rey que estaba por encima de todos los demás reyes. Estos reyes eran coronados en la colina de Tara, que aún hoy se considera un lugar sagrado en Irlanda.

- ► **Las tribus celtas no siempre se llevaban bien.** Las tribus celtas eran muy independientes. Sin embargo, se unían para luchar contra enemigos comunes. También luchaban regularmente entre sí.

- ► **En Irlanda, las mujeres celtas tenían prácticamente los mismos derechos que los hombres.** Las mujeres irlandesas eran guerreras, granjeras, reinas y propietarias. Luchaban, trabajaban y gobernaban junto a los hombres.

Druidas diciendo a los britanos que se opusieran al desembarco romano
https://commons.wikimedia.org/wiki/File:Druids_Inciting_the_Britons_to_Oppose_the_Landing_of_the_Romans.jpg

- **Los celtas practicaban el paganismo**. Antes de que San Patricio convirtiera a los celtas de Irlanda a la fe cristiana, adoraban a muchos dioses. Esto se denomina politeísmo. Los dioses de los irlandeses (y de otros celtas) solían estar relacionados con la naturaleza.

- **Los druidas eran muy importantes en la sociedad celta.** Elaboraban las leyes y enseñaban a la gente las reglas de la sociedad. Los druidas también eran sacerdotes, profetas, astrónomos, poetas, historiadores y mucho más. ¡Incluso los jefes y los reyes los escuchaban!

- **Los eruditos no están seguros de cuándo se introdujo por primera vez el sistema jurídico irlandés.** La ley Brehon se transmitía oralmente de generación en generación a través de los druidas. No se escribió hasta alrededor del año 600 de la era cristiana. Los estudiosos creen que las leyes básicas fueron practicadas por los primeros habitantes celtas de Irlanda. Los juristas procedían de los fili (*fee-lee*, palabra gaélica). Eran los profetas, videntes, poetas e historiadores de los druidas.

  Otra teoría es que la ley Brehon y los Brehons (*guardianes de las leyes*) sustituyeron a los poderosos druidas después de que San Patricio convirtiera al pueblo al cristianismo. La ley Brehon funcionaba sin cárceles ni policía. La justicia se basaba en la restitución (*devolución*) como castigo.

Científicos de la Universidad de Oxford realizaron hace unos años pruebas genéticas generalizadas. Se sorprendieron al descubrir que el ADN de los antiguos celtas de la Isla de Man, Gales, Escocia, Irlanda e Inglaterra difería significativamente. Esto significa que, aunque los celtas compartían parentesco cultural y lingüístico (*lazos familiares*), ¡no estaban emparentados con los mismos antepasados!

Los estudiosos no se ponen de acuerdo sobre quién estaba ya asentado en Gran Bretaña antes de la llegada de los celtas. Lo que sí sabemos es que esos antiguos pobladores construyeron monumentos como Stonehenge, miles de años antes de la Edad de Hierro. Probablemente, eran descendientes de emigrantes europeos anteriores, incluidos celtas anteriores.

Gales

Los galeses están orgullosos de su ascendencia celta. Los nombres celtas se encuentran por todo Gales en los nombres de personas y lugares. El nombre galés de Gales es Cymru.

Choza celta en el Museo de la Vida Galesa

Los galeses son los que más ADN tienen de los antiguos pueblos desconocidos que llegaron tras el final de la última glaciación, hace unos doce mil años. ¿Compartían ascendencia con los celtas que emigraron posteriormente a Gales?

Asentamientos en castros

Los asentamientos celtas se desarrollaban a menudo en torno a castros. Sólo en Gales hay restos de más de mil castros, pero también están repartidos por toda Gran Bretaña. Los celtas no sólo construyeron castros en las cimas de las colinas. También los construían en terrenos llanos. En algunos casos, se añadían más zanjas y bancos de tierra o madera para la defensa. La mayoría de las viviendas se construían dentro de los recintos. A veces, incluso los animales de granja vivían dentro.

Ruina de un castro en Gran Bretaña

Los jefes y algunos miembros de la élite vivían en casas redondas de varios pisos.

Los agricultores vivían a veces fuera del asentamiento fortificado, en las tierras donde plantaban sus cultivos. Cultivaban trigo, cebada, avena, centeno y heno. También criaban ganado vacuno, cerdos, caballos y ovejas. A menudo, se alimentaba a los animales con heno en invierno.

Tribus celtas en Gales

En Gales vivían varias tribus celtas. Los silures (*si-li-ras*) vivían en los valles del sudeste de Gales. Los Demetae (*de-me-ta -ee*) vivían en el suroeste de Gales. Los ordovices (*or-do-visis*) se asentaron en el centro y noroeste de Gales. En el noreste, los deceangli (*dec-ang-li*) eran la tribu dominante.

El galés y el inglés son las lenguas oficiales de Gales en la actualidad. El galés o *cymraeg* se desarrolló a partir de la lengua celta. En el siglo XVI, el rey Enrique VIII convirtió el inglés en la única lengua oficial de Gran Bretaña. El galés no recuperó su estatus oficial hasta el siglo pasado.

Los celtas británicos tenían escritura, pero no la utilizaban muy a menudo. Los druidas conservaban conocimientos sobre matemáticas, astronomía, medicina, historia y otras materias. Hoy en día no queda ningún registro escrito de los druidas.

Los poetas y cantantes llamados bardos aprendían canciones, historias y poemas de memoria. Pertenecían a una clase de druidas. Viajaban de un lugar a otro cantando y recitando historias y cuentos populares.

Cornualles

La vida en la Edad de Hierro en Cornualles, un condado de Inglaterra, era muy parecida, con muchos castros y aldeas con casas redondas. También había casas con establos, graneros y habitaciones que daban a un gran patio.

Las construcciones más fascinantes de la Edad de Hierro en Cornualles son los *fogous (foo-goos)*. Eran zanjas profundas en el suelo cubiertas con losas de piedra a modo de tejados. Los laterales estaban revestidos de grandes losas de piedra.

Los historiadores y arqueólogos aún no están seguros de la finalidad de estas estructuras subterráneas. Algunos creen que servían principalmente para almacenar alimentos. Otros creen que se utilizaban como lugares de reunión o como refugios durante los ataques enemigos.

Interior de un fogou bien conservado en Cornualles

Una de las tribus celtas dominantes que se asentaron en Cornualles fue la de los dumnonii (*dum-no-ni-i*). Recientes pruebas genéticas demuestran que los habitantes de Cornualles tienen orígenes celtas distintos a los de sus vecinos de Devon.

El estaño era un recurso muy importante. Se extraía en el oeste de Cornualles. El estaño era necesario para convertir el cobre en bronce. Incluso después de que la gente aprendiera a fundir el mineral de hierro y a utilizar el hierro para sus armas y herramientas, el bronce siguió siendo un metal importante para las herramientas domésticas, el arte y la joyería.

Los estudiosos saben que los mercaderes celtas comerciaban con lingotes de estaño (*bloques de metal*) de Cornualles con la colonia griega de Massalia (la actual Marsella) y Oriente Próximo gracias a los naufragios en esas rutas comerciales.

Cornualles y sus gentes son mencionadas hacia el año 325 a. C. por un antiguo escritor griego llamado Piteas. Procedía de Massalia. Piteas describió a los habitantes de Cornualles como civilizados. Sus palabras fueron repetidas más tarde por Diodoro Sículo, un famoso historiador griego antiguo. Fue un gran cumplido. Los antiguos griegos solían llamar bárbaros a otros pueblos y los menospreciaban.

El gaélico de Cornualles se extinguió como lengua viva hacia 1800 de nuestra era, pero ha resucitado. Incluso ha sido reconocido oficialmente por el gobierno británico. Algunos rótulos, como los topónimos, se han añadido en córnico. También se enseña en varias escuelas primarias.

Escocia

Cuando pensamos en Escocia, lo primero que nos suele venir a la mente son los kilts (las faldas cortas a cuadros que llevan los hombres), la música de gaitas y las historias del monstruo del lago Ness.

Escocia recibió una gran influencia de la cultura celta. Cuando los celtas de la Edad de Hierro llegaron a Escocia, ya había grupos de personas viviendo allí. La tribu más fuerte que encontraron fue la de los pictos, que vivían en el norte y noreste de Escocia.

Los pictos podrían haber sido descendientes de emigrantes celtas anteriores del norte de Europa, pero los historiadores no están seguros de su procedencia. Se cree que eran pelirrojos. Se tatuaban y, a menudo, también se pintaban el cuerpo.

Pintura de San Columba convirtiendo a los pictos al cristianismo
William Hole, CC BY-SA 3.0 <https://creativecommons.org/licenses/by-sa/3.0>,
via Wikimedia Commons; https://commons.wikimedia.org/wiki/File:Saint_Columba_converting_the_Picts.jpg

Pruebas genéticas de este siglo demuestran que el 10% de los hombres actuales de Escocia son descendientes directos de los pictos pelirrojos. Esto significa que los pictos fueron absorbidos por las tribus escocesas posteriores.

Los romanos describían a los habitantes de Escocia como gente salvaje y bárbara que se pintaba con pintura azul. Sin embargo, es posible que los romanos estuvieran un poco frustrados con los escoceses. Los romanos nunca lograron conquistar partes de la actual Escocia durante mucho tiempo. Siempre fueron frenados por una feroz alianza de tribus.

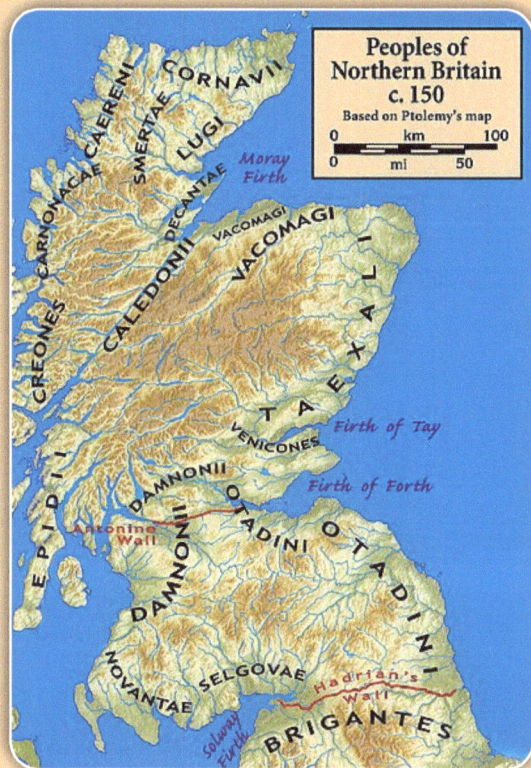

Tribus celtas en el norte de Gran Bretaña según un antiguo mapa de Ptolomeo

Las tribus escocesas seguían asaltando el norte de Inglaterra cada vez que los romanos conseguían asentarse. ¡Eran una molestia tan grande que el emperador romano Adriano empezó a construir su famoso muro en el año 122 d. C. para marcar la frontera entre su tierra y la de ellos!

Inglaterra

Las tribus celtas se asentaron en la mayor parte de Inglaterra. En ocasiones, tribus estrechamente emparentadas fueron absorbidas por sus vecinas. Por ejemplo, sabemos por los escritos de Julio César que las tribus Trinovantes (*try-no-van-tees*) y Cantiaci (*kan-tee-ya-cee*) fueron absorbidas por sus vecinos mayores, los Catuvellauni (*ka-tu-ve-lawny*).

Estas tribus compartían los mismos hábitos sociales y la misma religión. Comían en platos y bebían en copas. Cremaban (*quemaban*) a sus muertos.

Las tribus del sudeste de Inglaterra tenían vínculos con los pueblos franceses y mediterráneos. Seguían algunas de las mismas costumbres. Estos vínculos se remontan a la Edad de Hierro o incluso antes.

Había mucho comercio a través del Canal de la Mancha incluso antes de la invasión romana. Sabemos que algunos de los pueblos del otro lado del Canal huyeron a Inglaterra cuando los romanos conquistaron sus territorios.

Tribus de la Edad de Hierro al sur de Escocia según el mapa de Ptolomeo

Una de las tribus más ricas y prósperas que conocemos era la de los icenos (*ee-cee-ny*). Algunos de los hallazgos más ricos de objetos de oro y bronce de la Edad de Hierro proceden de las zonas donde habitaban los icenos.

El rey de los icenos no se opuso a la ocupación romana. Se convirtió en uno de los reyes mandatarios de Roma y compartió el poder con los romanos.

Los problemas que siguieron a su muerte dieron lugar a la revuelta celta más exitosa contra la ocupación romana. Los icenos, liderados por la reina Boudica (*boo-duh-kuh*), y sus aliados tribales derrotaron a los romanos en varias grandes batallas. Finalmente, los icenos fueron derrotados.

La Isla de Man

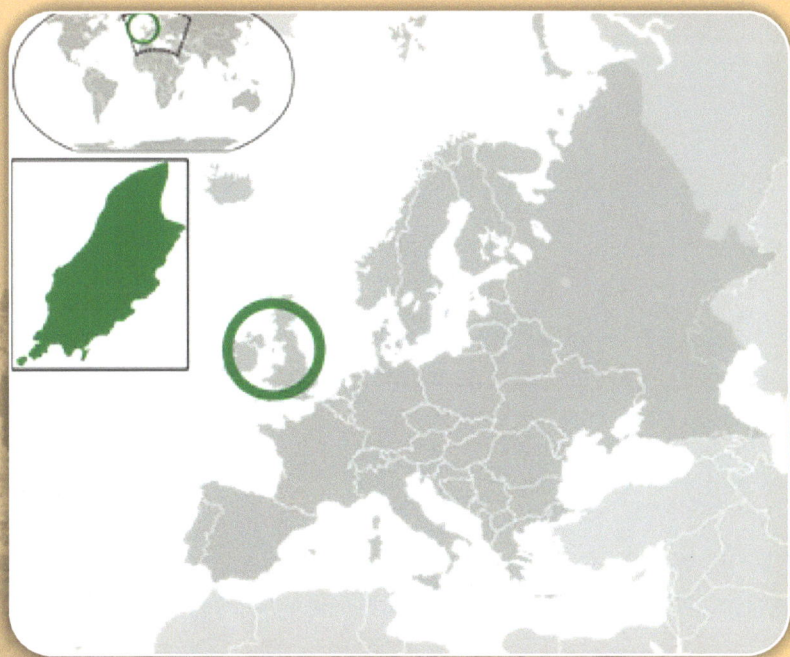

La Isla de Man está situada en medio del Mar de Irlanda, entre Gran Bretaña e Irlanda

Los habitantes de la Isla de Man tienen un rico bagaje cultural celta. Una de sus lenguas oficiales, el manés, es celta. El inglés es la otra lengua oficial. La isla debe su nombre al dios celta del mar, Manannán. La Isla de Man es una dependencia de la Corona del Reino Unido.

La Isla de Man está cerca de Escocia. Comerciantes y asaltantes se fijaron en la isla por su posición y sus ricos recursos minerales. Incluso los vikingos nórdicos establecieron allí una próspera colonia comercial hacia el año 820 de la era cristiana. En 1266, la isla fue cedida a Escocia como parte de un acuerdo con el rey nórdico.

Viviendas

Los celtas vivían tradicionalmente en castros (asentamientos construidos en terrenos elevados). En estos asentamientos, los jefes vivían en la cima con sus familias. Los soldados vivían en un nivel inferior. Debajo vivían los artesanos y los metalúrgicos. Los castros estaban rodeados de fosos, montículos de tierra o vallas de madera. Los aldeanos, agricultores y campesinos vivían a veces fuera de estos límites.

Los celtas de Bretaña vivían en casas redondas. Estas estructuras, parecidas a cabañas, tenían una sola habitación. Tenían una chimenea en el centro y un horno de pan incorporado. También tenía espacios de almacenamiento alrededor de los lados y en el techo. Sobre la chimenea colgaba una gran olla llamada caldero. Los calderos solían ser de bronce. En ellos se cocinaba todo.

La mayor de las réplicas de las casas redondas de la Edad de Hierro, Butser Farm

Otras estructuras

Los celtas a veces construían casas en una isla fabricada en un loch (*lago*) por seguridad. Esta isla se llamaba crannog (*kranog*). Aún se pueden encontrar vestigios de crannogs en Gales, Escocia e Irlanda.

Las familias adineradas también vivían en brochs. Eran estructuras redondas de piedra de varios pisos. Tenían escalones en el interior alrededor de los muros exteriores. En Escocia aún se pueden encontrar muchas ruinas de estas estructuras.

Ruinas del Broch de Dun Carloway en Escocia

Chimenea y perro de fuego

La chimenea calentaba la habitación cuando hacía frío. También servía para cocinar y alumbrar. El humo del fuego se extendía por el techo de paja. El humo actuaba como disuasor natural de bichos y alimañas. El humo también protegía la paja del fuego. La chimenea estaba protegida por dos marcos de hierro.

El marco de la chimenea se llamaba "perro de fuego" ¡aunque no se parecía en nada a un perro! Era un objeto metálico que delimitaba los bordes de la chimenea por dos lados. Mantenía las brasas en su sitio.

Un perro de fuego de Capel Garmon, Gales

La vida cotidiana

Un día normal para un celta estaba lleno de tareas. Cuidaban de sus animales, plantaban y cosechaban, limpiaban sus casas y fabricaban herramientas y alimentos.

Los celtas eran gente muy limpia. Incluso descubrieron cómo hacer jabón. Al parecer, esto ocurrió por accidente. La grasa muy caliente de un animal asado cayó en las cenizas de un fuego. Este proceso separó de las cenizas una sustancia alcalina (*lo contrario de ácida*) que ahora se conoce como lejía. La lejía se sigue utilizando hoy en día para fabricar jabón y productos de limpieza.

Los celtas utilizaban el trigo para hacer pan. Con la avena hacían gachas y tortas. Con la cebada hacían cerveza.

También recolectaban setas, bayas y frutos secos. Cazaban jabalíes y ciervos. Sus animales de granja solían ser vacas, ovejas y cerdos.

Los celtas también tenían caballos, si tenían la suerte de poder permitírselos. Algunos estudiosos creen que los celtas consideraban sagrados a los caballos. Los caballos eran una posesión muy preciada. La élite, los guerreros e incluso los campesinos podían ser hábiles jinetes y aurigas. Los caballos se utilizaban sobre todo para transportar mercancías, viajar y en la guerra. En las islas Shetland, los pelos de la cola de los ponis se utilizaban para fabricar sedales.

Los celtas fabricaban sus propios utensilios y herramientas. Desde pequeños se les enseñaban tareas y habilidades como la cestería, la carpintería y la fabricación de vasijas de barro. Artistas cualificados fabricaban joyas para la élite. Un herrero cualificado fabricaba armas y otros objetos de metal, como percutores y arados.

Distinciones de clases

En la cultura celta había clases. Los antropólogos *(personas que estudian a la gente y sus modos de vida)* no siempre se ponen de acuerdo sobre cuántas o cuáles eran exactamente las clases. En general, se acepta que los jefes y, más tarde, los reyes, sus familias y otras personas importantes estaban en la cima. Eran la élite. En la clase siguiente estaban los guerreros y los artesanos. La gente corriente, como los granjeros, eran los siguientes. La mayoría de los celtas eran agricultores. Los sirvientes y esclavos estaban en la parte inferior. Los esclavos solían ser personas capturadas en batallas.

Ropa y joyas

Evidentemente, la ropa era diferente en determinadas zonas y épocas. Dependía del clima y de las materias primas (plantas de cáñamo para el lino, ovejas para la lana y bayas y cortezas para los tintes) disponibles en la zona.

Las mujeres tejían la lana y el lino en un telar. Un telar es un bastidor en el que se estiran hilos tensos en una dirección. A continuación, se teje otro hilo a través de los hilos estirados. Se continúa así, hilera tras hilera, hasta obtener una pieza de tela con la que se pueden confeccionar prendas de vestir.

Las ropas celtas solían ser coloridas y estampadas. Sus ropas de tartán (*a cuadros*) fueron las precursoras del kilt escocés. También confeccionaban prendas de cuero y pieles de animales.

Un broche

https://en.wikipedia.org/wiki/ File:Bronze_zoomorphic_penannular_brooch.jpg

Los hombres vestían pantalones holgados y camisa. Las mujeres llevaban faldas y blusas sueltas o vestidos largos. Los druidas vestían sobre todo túnicas largas. Tanto los hombres como las mujeres llevaban joyas. La joya más importante era el broche, que se utilizaba para sujetar la ropa.

La capa suelta se utilizaba como abrigo cuando hacía frío. Se sujetaba al hombro con un broche o un alfiler. Un broche también se utilizaba para mostrar la importancia o la riqueza de una persona.

Las personas importantes, como los jefes y los reyes, solían llevar bandas metálicas en el cuello. Se trataba de un collar ajustado bellamente decorado llamado torque. La mayoría de los torques tenían los extremos abiertos y decorados en la parte delantera. El torque podía ser de bronce, plata, cobre u oro.

La gente corriente llevaba brazaletes y collares de cuero, cuentas de metal o conchas.

Los misteriosos druidas

Los druidas eran intelectuales y guardianes del conocimiento, la historia y las tradiciones orales celtas. Los poetas y músicos de la clase druida, llamados bardos, contaban cuentos populares. Recitaban mitos de héroes y antepasados durante los festivales.

Durante los festivales, había bailes y juegos para los niños. Los festivales estaban dedicados a los dioses. Se esperaba que los dioses trajeran buen tiempo para plantar, cultivar y cosechar. También se bendecía al ganado con la esperanza de que estuviera sano y tuviera mucha descendencia.

Los druidas se encargaban de todas las prácticas religiosas. También se encargaban de elaborar las leyes y velar por la moral de cada comunidad. Guardaban cuidadosamente sus secretos y conocimientos.

Según Cicerón (autor romano que vivió entre los años 106 y 43 a. C.), los druidas eran científicos. Conocían la medicina, la astronomía y la física. En otro relato de fuentes romanas, los druidas intentaban detener las batallas tribales corriendo entre las tribus enfrentadas para separarlas.

Los romanos aniquilaron a los druidas, por lo que nunca podremos estar seguros de hasta qué punto se inventaron sus conocimientos. Hay estudiosos que creen que guardaban registros escritos secretos que fueron destruidos por los romanos y los cristianos para erradicar el paganismo.

Vida después de la muerte

Los celtas creían en la vida después de la muerte. Enviaban a los muertos al otro mundo con grandes fiestas y celebraciones para que fueran bien recibidos en la otra vida. Estas fiestas se celebraban con mucha comida y cerveza. La cerveza y la comida también se enterraban con los ricos para que pudieran celebrar una gran fiesta cuando llegaran al más allá.

Cuando los celtas aún vivían en Europa central, hacia el año 530 a. C., enterraron a un importante líder. Su sepulcro se descubrió en 1968. Los estudiosos descubrieron que los celtas importantes eran enterrados en un carro con cuatro ruedas. En este caso, el lecho del carro era de bronce. El cuerpo se colocaba en una cama empotrada en la cámara.

El jefe iba vestido con elaborados ropajes de oro y llevaba un torque de oro macizo al cuello. Se encontraron restos de cerveza de miel (*sobras*) en un gran caldero de bronce rodeado de vasijas para beber.

En enterramientos posteriores, los ricos eran enterrados junto a carros de dos ruedas. Los cuerpos solían colocarse sobre camas empotradas.

Tumba reconstruida del jefe de Hochdorf

¿Puedes descifrar las palabras que faltan en las siguientes frases?

1. Las casas redondas celtas estaban hechas de zarzas y _____ y tenían _____ de paja.

2. Los celtas utilizaban una gran olla llamada _____ para cocinar.

3. Un _____ evitaba que las brasas del fuego del centro de la casa se derramaran por la habitación.

4. Los asentamientos se construyeron dentro y alrededor de un _____.

5. Las élites vivían a menudo en casas redondas de varios pisos llamadas _____.

6. Los pelos de la cola de los ponis _____ se utilizaban para fabricar sedales.

7. A los celtas les encantaba beber _____.

1. Las casas redondas celtas estaban hechas de zarzas y **BARRO** y tenían **TECHOS** de paja.

2. Los celtas utilizaban una gran olla llamada **CALDERO** para cocinar.

3. Un **PERRO DE FUEGO** evitaba que las brasas del fuego del centro de la casa se derramaran por la habitación.

4. Los asentamientos se construyeron dentro y alrededor de un **CASTRO**.

5. Las élites vivían a menudo en casas redondas de varios pisos llamadas **BROCHS**.

6. Los pelos de la cola de los ponis **SHETLAND** se utilizaban para fabricar sedales.

7. A los celtas les encantaba beber **CERVEZA**.

Capítulo 5: Creencias religiosas, deidades y mitos celtas

La religión de los celtas antes del cristianismo

Lo que sabemos con certeza es que las tribus celtas eran politeístas. Esto significa que creían en muchos dioses.

Es posible que las diferentes tribus celtas no adoraran a todas las mismas deidades (*dioses y diosas*). Sin embargo, tenían sistemas de creencias similares. Las deidades tenían poder sobre el agua, el aire, el trueno, la lluvia, las cosechas y los objetos físicos, como una casa o un granero. Tenían poder sobre todo lo que podía influir en la vida de las personas.

Los antiguos celtas creían que todo en la naturaleza tenía un espíritu. A esta creencia la llamamos animismo. Animales, insectos, plantas, guijarros, rocas, ríos, lagos y manantiales estaban habitados por espíritus. Los árboles y las plantaciones se consideraban lugares sagrados. Los robles eran sagrados, y el muérdago que se enroscaba alrededor del roble era aún más sagrado. ¿Te imaginas con qué respeto se trataba todo lo que había en la tierra?

Deidades celtas cautivadoras

Morrigan: Morrigan era la consorte (*esposa*) del Dagda. Era la diosa del nacimiento, la profecía, el destino y la guerra. En la batalla, era un cuervo negro que protegía a los guerreros. También elegía a los muertos. Los celtas la consideraban guardiana de sus tierras.

La mayoría de los dioses celtas eran cambiaformas. Esto significa que podían cambiar de aspecto y convertirse en humanos o animales diferentes. Morrigan, por ejemplo, era una diosa transformadora que influía en todos los ciclos de la vida humana. Podía aparecer como una bella joven, una madre, una anciana aterradora o un cuervo.

Morrigan también estaba asociada con la banshee, un espíritu aterrador y ruidoso parecido a una anciana. La gente sabía que alguien iba a morir pronto si la veían aparecer. Se lamentaba (*lloraba*), gemía e incluso gritaba en la noche.

Dagda: Dagda presidía la vida, la muerte, la magia y la sabiduría. Las representaciones del Dagda lo muestran como un hombre muy grande con un bastón mágico, un arpa y un caldero. El Dagda tenía el poder de matar a las personas y hacer que volvieran a la vida. Su caldero no tenía fondo y estaba lleno de comida, lo que demuestra su amor por la comida.

Brigid: Brigid era una diosa celta pelirroja. Presidía la naturaleza, los cursos de agua, los ríos, los pozos, los animales domésticos, la curación, la poesía, la pasión, el fuego y la metalurgia.

Los eruditos creen que esta diosa fue utilizada más tarde por los monjes católicos como inspiración para Santa Brígida. Santa Brígida suplicó al rey del condado irlandés de Kildare que le diera tierras suficientes para construir un monasterio. Le dijo que sólo podía tener tanta tierra como cubriera su manto. Su manto se extendió por cientos de hectáreas cuando lo puso en el suelo.

Brigid

Lugh: Lugh era el dios de la cosecha para algunas tribus celtas. Las tribus de Bretaña lo llamaban Lugus y las de Gales Lleu Llaw Gyffes. Se creía que los sacrificios rituales que se le hacían a lo largo de las estaciones garantizaban el crecimiento de las cosechas. La gente quería asegurarse una buena cosecha.

En otros mitos celtas, Lugh era venerado como dios del sol y de la luz. También se le veneraba como dios guerrero.

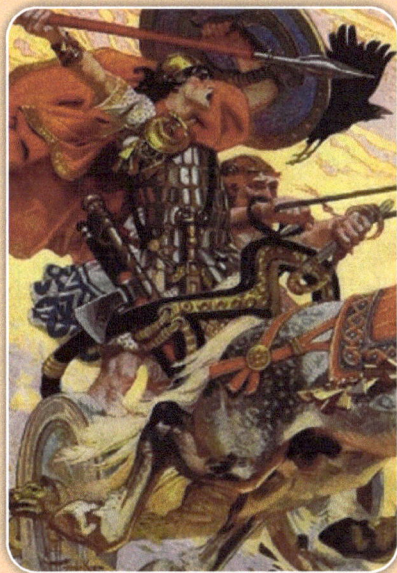

Se cree que Lugh se reencarnó en el héroe
celta irlandés Cuchulain, hijo de Lugh
https://commons.wikimedia.org/wiki/File:Cuinbattle.jpg

El apodo de Lugh era "Lugh el del brazo largo" por la larga lanza que portaba. Podía ordenar a esta lanza que golpeara a un enemigo y luego volviera a él.

Era el dios del juramento y el juicio. También se decía que era un embaucador brillante.

El mito de Lir

Lir (*leer*) era un rey mítico de Irlanda. Él y su esposa tuvieron cuatro hermosos hijos: tres niños y una niña.

Su mujer murió repentinamente. Lir se casó de nuevo. Su segunda esposa se puso muy celosa al ver lo mucho que el rey Lir quería a sus hijos.

LÊR AND THE SWANS

Lir y sus hijos malditos
https://commons.wikimedia.org/wiki/File:Ler_swans_Millar.jpg

Una tarde soleada, llevó a los niños a un lago cercano y los hechizó. Se convirtieron en cuatro cisnes blancos. El hechizo debía durar novecientos años antes de que volvieran a convertirse en humanos.

Sin embargo, ese castigo no fue suficiente. La malvada reina hizo que los cisnes tuvieran que vivir en un lago diferente cada trescientos años.

Hay diferentes versiones de esta historia. Una de ellas dice que los niños cisne fueron a parar a un lago cercano a una iglesia cristiana durante sus últimos trescientos años. Un simpático monje se hizo cargo de ellos. Los cisnes oían las campanas de la iglesia desde el lago. Les encantaba el sonido.

Cuando pasaron los novecientos años, volvieron a su forma humana. Por supuesto, estaban muy viejos y débiles. Sabían que la muerte estaba cerca. Su único deseo era ser bautizados en la fe cristiana antes de morir. Se les concedió su deseo y murieron en paz.

Festivales

Sabemos que los celtas celebraban muchas fiestas. Les gustaba tanto una buena fiesta como una buena pelea. Se celebraban fiestas a lo largo del año para festejar los cambios de estación.

Celebración moderna del Samhain en Escocia

Eran ocasiones de alegría. Se bailaba alrededor de hogueras, se comía carne y se bebía mucha hidromiel o cerveza. Los ricos incluso bebían vino importado de Francia e Italia.

¿Sabías que el Halloween actual procede de una antigua fiesta celta llamada Samhain? Era la celebración del final de la cosecha y del verano. Algunos estudiosos llaman a Samhain el "Año Nuevo celta".

Criaturas míticas y espíritus celtas

Las historias celtas son conocidas por sus criaturas míticas y sus interacciones con los seres humanos y el medio ambiente. Para los celtas era una forma de explicar cómo surgieron las cosas o por qué sucedieron. Éstas son algunas de esas criaturas mágicas:

Hadas: Puede que te suene Campanilla de *Peter Pan*. En la mitología celta, viven en un mundo invisible que coexiste con el nuestro. Podían ser simpáticas, pero se portaban mal si la gente no las respetaba. La gente les hacía regalos para complacerlas.

Duendes: Los duendes son un tipo de hada. Son hombres pequeños a los que les gusta gastar bromas a los humanos. Hoy en día, pensamos que los duendes visten de verde, pero originalmente vestían de rojo. También pensamos que tienen una olla de oro escondida al final del arco iris.

Kelpies: Un kelpie es un espíritu acuático que ronda los ríos y lagos escoceses. Parecía un caballo, pero podía transformarse en humano. Los kelpies atraían a la gente para que los siguiera. Cuando se acercaban a un río o lago, el kelpie ahogaba a la persona.

De paganos a cristianos

Los romanos llevaron el cristianismo a Gran Bretaña. Los monjes y obispos católicos se pusieron manos a la obra para convertir a los paganos. Viajaron a Gran Bretaña e Irlanda. Sin embargo, algunos celtas seguían fieles a sus costumbres.

Muchas creencias y rituales celtas seguían siendo sagrados para ellos. Algunos los practicaban en secreto. Los monjes utilizaron las creencias celtas para hacer más atractivo el cristianismo. Los romanos también utilizaron la fuerza para obligar a los celtas a convertirse.

Los monjes y obispos cristianos registraron gran parte de los conocimientos que tenemos de este periodo. San Columba construyó una comunidad monástica en la isla de Iona, donde más tarde fue enterrado. La isla se hizo famosa como lugar de aprendizaje. Muchos reyes fueron enterrados allí.

¿Puedes descifrar estos anagramas para encontrar los nombres de las deidades celtas?

unad

agdad

irl

ganromri

gulh

aints irbdig

De izquierda a derecha:

Danu

Saint Brigid

Dagda

Lir

Morrigan

Lugh

Gran parte de nuestros conocimientos sobre los celtas proceden del arte y los objetos excavados por los arqueólogos. Los ajuares funerarios son muy valiosos para averiguar cómo eran dichos objetos y qué atesoraba la gente.

Los antiguos celtas eran expertos metalúrgicos, lo que les proporcionó una gran ventaja durante la Edad de Hierro. El hierro es mucho más resistente que el bronce y no se descompone como la madera. Los celtas fabricaban sus puntas de arado, puntas de flecha y puntas de lanza con hierro. También utilizaban el hierro para crear placas y esculturas de sus dioses y guerreros.

El hierro y los artículos de hierro eran algunos de los productos comerciales más importantes de los celtas. Sin embargo, utilizaban el bronce para la mayoría de las obras de arte y algunos utensilios de uso cotidiano.

Disco celta de bronce dorado

El calendario de Coligny

Uno de los hallazgos celtas más interesantes se descubrió cerca de una pequeña ciudad de Francia en 1897. Los estudiosos creyeron durante mucho tiempo que se trataba de un tipo de calendario. El artefacto tenía varias piezas de metal con agujeros, clavijas, números y letras en celta, griego y romano. Lo llamaron calendario Coligny (*ko-lee-nee*).

Los estudiosos tardaron hasta 1989 en averiguar qué tipo de calendario era y cómo funcionaba. El original había sido destruido en su mayor parte. Sólo se recuperó un 45% de las piezas. Con la ayuda de modelos informáticos, los científicos pudieron reconstruir la mayoría de las piezas que faltaban y averiguar para qué servía.

Piezas rotas del Calendario Coligny de bronce se exponen en el Museo Galo Romano de Lyon (Francia)
https://commons.wikimedia.org/w/index.php?curid=194998

Se trataba de un calendario lunisolar que medía el tiempo en función de los movimientos del Sol y la Luna. Los celtas medían el tiempo moviendo las clavijas del calendario. Así se aseguraban de que la siembra, la cosecha y las fiestas coincidieran siempre con las estaciones adecuadas.

Escudos ceremoniales

Los escudos de guerra celtas ordinarios eran de madera y cuero con hebillas de metal. Los escudos utilizados con fines ceremoniales se fabricaban a menudo con láminas de bronce decoradas.

En el río Támesis se recuperó un gran ejemplo de escudo ceremonial celta. Data de entre 350 y 50 a. C. El Escudo de Battersea puede verse hoy en el Museo Británico. Está fabricado en bronce y decorado con relieves y grabados.

El Escudo de Battersea
British Museum, CC0, via Wikimedia Commons;
https://commons.wikimedia.org/wiki/File:
British_Museum_Battersea_Shield.jpg

Los veintisiete montantes del escudo estaban rellenos de vidrio rojo. Cada tachuela está conectada a las demás, posiblemente para mostrar que todos los elementos de la vida están conectados. Se supone que este escudo fue arrojado al río como ofrenda a los dioses para que los celtas ganaran una batalla.

Calderos

Los calderos son magníficos ejemplos de la artesanía metálica celta. Simbolizaban la regeneración, la abundancia y la riqueza. Un caldero se consideraba un recipiente mágico que garantizaba un suministro inagotable de alimentos. Se consideraban un regalo de los dioses.

Estas grandes ollas ornamentadas se colgaban del fuego con cadenas. Los calderos solían ser de chapa de bronce.

El caldero de Gundestrup

El caldero de Gundestrup, en Dinamarca, está hecho a mano en plata dorada y data aproximadamente del siglo I a. C. Los paneles en relieve representan escenas de dioses y mitos celtas.

Los ocho paneles exteriores representan a algunos dioses celtas con torques. Los cinco paneles interiores incluyen escenas como el sacrificio de un toro, guerreros celtas, grifos (*criaturas con cabeza y alas de águila y cuerpo de león*), leopardos y elefantes.

Esculturas

La madera y la piedra se tallaban y cortaban para hacer esculturas. Las esculturas de bronce y hierro se moldeaban a martillazos o vertiendo metal caliente en un molde. Estos objetos se grababan o tallaban para crear un dibujo. Las esculturas se decoraban con esmalte, piedras preciosas, coral, conchas y vidrio.

Algunas de las primeras obras de arte celtas han sobrevivido. Muchas se exponen hoy en museos. En el Museo Glauberg de Hesse (Alemania), por ejemplo, hay una escultura de tamaño natural de un guerrero que data del siglo V a. C. El guerrero lleva una túnica, una espada, un collar con tres colgantes y una elaborada corona de hojas. La estatua se llama "Príncipe de Glauberg".

El príncipe de Glauberg
Heinrich Stürzl, CC BY 3.0 <https://creativecommons.org/licenses/by/3.0>, via Wikimedia Commons https://commons.wikimedia.org/w/index.php?curid=20241000

Las esculturas de madera solían estar talladas en roble. A menudo, representaban a dioses guerreros. Estas esculturas solían llevar un manto con capucha y, a veces, un torque de metal. Se cree que estas estatuas se erigían en lugares religiosos celtas.

Broches

Los antiguos celtas estaban muy orgullosos de sus broches. Originalmente, los broches se utilizaban para sujetar la ropa. Con el tiempo se convirtieron en símbolos de estatus. Los llevaban hombres, mujeres y niños.

Muchos broches y alfileres tenían forma de animales, sobre todo caballos. También eran populares las serpientes, las cabezas humanas, los tambores y las campanas. Más tarde se pusieron de moda formas más abstractas, como nudos y espirales.

Los broches y alfileres más caros eran de oro y estaban decorados con piedras preciosas u otros materiales.

El broche de Tara

El broche penannular (*penan-nu-lar*) era un círculo con un alfiler que podía girar y atravesar el círculo. De este modo, la tela quedaba visible en la zona abierta del centro del broche.

El broche de Tara, en el Museo Nacional de Irlanda, es un ejemplo de broche penannular. Otro broche famoso es el de Braganza, expuesto en el Museo Británico.

Torques

Un torque era un collar que llevaban al cuello los reyes celtas, los jefes, los guerreros distinguidos y la élite. La abertura del torque se llevaba en la parte delantera. Los torques se ofrecían en rituales o se enterraban con su portador para utilizarlos en la otra vida.

Los diseños de los torques variaban. La banda del cuello podía ser retorcida, lisa, hueca o sólida. Los torques se fabricaban con diferentes metales entrelazados, como oro, plata y bronce. Los extremos de la abertura frontal podían tener forma de aro, disco, esfera o cabeza de animal.

El Gran Torque de Snettisham se conserva en el Museo Británico. Data de entre los años 150 y 50 antes de Cristo. Se encontró cerca del pueblo de Snettisham, Norfolk, Inglaterra. Los artesanos de esta bella pieza utilizaron aleaciones de

El torque de Snettisham
Johnbod, CC BY-SA 3.0 <https://creativecommons.org/licenses/by-sa/3.0>, via Wikimedia Commons; https://commons.wikimedia.org /wiki/File:Snettisham_HoardDSCF6580.jpg

oro (oro, plata y cobre) para diseñar este torque. Tiene sesenta y cuatro hebras de aleación de oro trenzadas en ocho cuerdas. Cada cuerda tiene ocho cabos. Los extremos, también llamados terminales, se fundieron utilizando moldes y luego se soldaron a las cuerdas.

Capítulo 7: La guerra celta

Según los antiguos escritores griegos y romanos, los celtas eran guerreros sanguinarios y feroces. Sus enemigos no sabían que en su mayoría actuaban. Los celtas utilizaban su apariencia como táctica de batalla para asustar a sus enemigos. ¡A menudo funcionaba!

Enfrentarse a un ejército de celtas debía de ser aterrador para cualquier atacante. Imagínate la escena de la invasión romana.

A un lado del campo de batalla había tropas de disciplinados soldados romanos. Marchaban en perfecta formación hacia la batalla para enfrentarse a su enemigo.

A poca distancia, había una horda de celtas altos y musculosos. Gritaban y chillaban. Se mostraban ansiosos por luchar. Los celtas iban a caballo y a pie. Algunos iban en carros.

Algunos estaban desnudos. Llevaban el cuerpo pintado o tatuado. Otros llevaban ropa variada, como armaduras de cuero y cascos de metal o cuero. Llevaban el pelo largo cubierto de cal blanca (*una mezcla de piedra caliza y agua*). Esto les dejaba el pelo blanco y tieso. Se despeinaban a propósito para dar más miedo.

Los celtas atacaban como una manada de perros hambrientos y salvajes. Los gritos llenaban el aire. Sus armas de hierro brillaban a la luz del sol mientras las blandían. Los jinetes celtas se abalanzaban sobre las primeras líneas romanas con sus largas y afiladas espadas cortando a diestro y siniestro. A decir verdad, ¡creo que me habría dado la vuelta y habría huido si estuviera frente a ellos!

Armas

Los celtas eran expertos herreros. Utilizaban principalmente espadas en las batallas. También utilizaban hachas, cuchillos, lanzas y lancetas. Algunas de estas armas tenían el filo dentado (*irregular*).

Los celtas también utilizaban arcos y flechas. Utilizaban hondas de cuero para lanzar piedras y proyectiles de arcilla.

Espada celta y vaina circa año 60 a. C.

Los guerreros de alto rango y los que iban a caballo llevaban espadas con hojas largas y rectas. Podían medir hasta ochenta y nueve centímetros.

Se enfundaban en vainas de madera o cuero que colgaban de la cintura. Las vainas y las espadas solían estar decoradas con oro, plata, marfil o piedras preciosas.

Armaduras, escudos y cascos

Los guerreros de alto estatus solían llevar corazas, cota de malla, cuero o algún tipo de material duro. En las armaduras y escudos se representaban ciervos, caballos, toros y jabalíes.

Los escudos tenían forma ovalada y eran grandes. Protegían la mayor parte del cuerpo. Se fabricaban con madera y cuero. Los celtas fabricaban escudos de metal, pero solían utilizarlos con fines ceremoniales.

Algunos guerreros celtas llevaban cascos de bronce, hierro o cuero decorados con cuernos o plumas.

Un casco celta para desfiles

Batallas con Roma

Celtas y romanos libraron muchas batallas incluso antes de que los celtas emigraran a Gran Bretaña. Los historiadores cuentan la historia de un feroz jefe celta llamado Brennus. En el año 390 a. C. saqueó la ciudad de Roma.

Una pintura de Boudica

https://commons.wikimedia.org/wiki/File:Queen_Boudica_by_John_Opie.jpg

Los celtas solían perder contra los romanos. Los ejércitos romanos eran más fuertes. Quemaban pueblos y destruían cosechas. Algunos celtas fueron esclavizados. Otros fueron obligados a alistarse en los ejércitos romanos. A veces, se obligaba a los pueblos a pagar tributos (dinero o bienes) a Roma.

Después de que Roma invadiera Britania en el 43 d. C., estallaron los conflictos. Los celtas buscaban la paz, pero las batallas con los romanos acabaron por reanudarse.

La revuelta celta más exitosa y famosa contra los romanos en Britania fue la liderada por la reina Boudica de la tribu icena. Aunque quemaron ciudades romanas y ganaron varias batallas, al final fueron derrotados.

Actividad del capítulo 7

¿Qué afirmaciones son verdaderas y cuáles falsas? ¡Recuerda que puedes repasar el capítulo para encontrar las respuestas!

	AFIRMACIONES	VERDADERO	FALSO
1.	Los celtas utilizaban tácticas de intimidación para asustar a sus enemigos.		
2.	Los guerreros celtas eran cobardes.		
3.	Las puntas de lanza y los cuchillos celtas eran de hierro.		
4.	Los soldados romanos estaban entrenados y disciplinados.		
5.	Los guerreros celtas luchaban para proteger sus tierras y posesiones.		
6.	Los celtas eran dirigidos por generales elegidos entre los druidas.		
7.	Los guerreros celtas nunca fueron tratados como héroes.		
8.	Los guerreros celtas luchaban desnudos porque querían que sus ropas permanecieran limpias.		

Respuestas del capítulo 7

	AFIRMACIONES	VERDADERO	FALSO
1.	Los celtas utilizaban tácticas de intimidación para asustar a sus enemigos.	X	
2.	Los guerreros celtas eran cobardes.		X
3.	Las puntas de lanza y los cuchillos celtas eran de hierro.	X	
4.	Los soldados romanos estaban entrenados y disciplinados.	X	
5.	Los guerreros celtas luchaban para proteger sus tierras y posesiones.	X	
6.	Los celtas eran dirigidos por generales elegidos entre los druidas.		X
7.	Los guerreros celtas nunca fueron tratados como héroes.		X
8.	Los guerreros celtas luchaban desnudos porque querían que sus ropas permanecieran limpias.		X

Capítulo 8: Simbología celta

Hay una diferencia entre símbolos, emblemas y logotipos. Es posible que hayas oído a la gente hablar de nombres de marca cuando compra ropa o productos. El nombre de una empresa suele asociarse a una imagen concreta. Esa imagen puede ser una foto o la forma en que se escribe el nombre de la empresa. Coca-Cola es un buen ejemplo.

A veces, los símbolos representan sistemas de creencias, como el nudo de la trinidad celta o los colores o motivos de la bandera de un país.

Ilustración del nudo de la trinidad celta
Madboy74, CC BY-SA 4.0 <https://creativecommons.org/licenses/by-sa/4.0>,
via Wikimedia Commons; https://commons.wikimedia.org/wiki/File:Coa_Illustration_Cross_Triquetra.svg

Los símbolos celtas más conocidos proceden sobre todo de Irlanda y Escocia. Sin embargo, se venden y usan como joyas en todo el mundo. Existen tantos símbolos que aquí sólo podemos mencionar algunos.

Trébol

El trébol es una pequeña planta con tres hojas en cada tallo. Es la planta nacional y símbolo de Irlanda. Se cuenta que San Patricio, patrón de Irlanda, utilizó el trébol para explicar el concepto de la Trinidad cristiana. Sin embargo, hay tantas historias populares relacionadas con San Patricio que nunca sabremos con certeza cuáles son verdaderas.

Si encuentras un trébol de cuatro hojas, tendrás buena suerte. ¿Has encontrado alguna vez un trébol de cuatro hojas?

Arpa

El arpa es uno de los símbolos nacionales de Irlanda. En la época de los celtas, los bardos solían tocar música con un arpa mientras contaban sus historias. Cuando Irlanda se convirtió en reino, se añadió un arpa a la bandera nacional.

Arpa de estilo celta. Esta arpa es de la década de 1950

Anillo de Claddagh

Las manos entrelazadas de este popular anillo datan supuestamente de hace unos dos mil años. El anillo tiene la forma de dos manos entrelazando un corazón con una corona. El corazón significa amor, la corona lealtad y, las manos entrelazadas, amistad. El anillo puede regalarse como muestra de amistad duradera o de amor romántico.

Anillo de Claddagh

I, Royalcladdagh, CC BY-SA 3.0 <http://creativecommons.org/licenses/by- sa/3.0/>, via Wikimedia Commons; https://commons.wikimedia.org/wiki/File:Claddaghring.jpg

El nudo celta

Este símbolo tiene muchas formas y tamaños. Puede tener esquinas puntiagudas o rectas.

El nudo celta se utiliza de tantas formas diferentes que se necesitaría un libro entero para describirlas todas. Las tres hebras del nudo celta original representaban el fuego, el agua y la tierra. Se hace en forma de bucle, sin principio ni final visibles.

Ejemplo de nudo celta
https://commons.wikimedia.org/wiki/File:Celtic-knot-basic-linear.svg

Cruz celta

Las cruces celtas son anteriores al cristianismo. Son un buen ejemplo de cómo los cristianos utilizaron el simbolismo pagano para convertir a los celtas.

Los antiguos celtas paganos creían que el círculo de la cruz celta representaba el sol. Para los cristianos, la cruz simboliza la cruz en la que murió Jesús.

Ejemplo de cruz celta
User: Sherurcij, Copyrighted free use, via Wikimedia Commons; https://commons.wikimedia.org/wiki/File:Lowertown_celtic _cross_memorial_to_fallen_canal_workers.jpg

Descifra las letras de cada palabra para encontrar un símbolo celta.

LETRAS DESORDENADAS	PISTA	RESPUESTA
1. RSKOCHMA	Una pequeña planta de hoja verde	
2. RHPA	A musical instrument on Ireland's flag	
3. TKON EITCLC	Tiene muchas formas. No tiene principio ni fin visibles.	
4. TCILEC SORCS	Sustituyó a un símbolo pagano de forma similar.	
5. DCALDCHA INRG	Simboliza el amor, la lealtad y la amistad.	

1. TRÉBOL

2. ARPA

3. NUDO CELTA

4. CRUZ CÉLTICA

5. ANILLO CLADDACH

Capítulo 9: La defensa de sus tierras

Los celtas permanecieron separados en muchas tribus por toda Gran Bretaña e Irlanda durante siglos. Cada una tenía su propio jefe. Más tarde, tuvieron reyes. En Irlanda, había un alto rey sobre todos los demás reinos irlandeses.

Las tribus luchaban entre sí. También se casaban y festejaban juntas. Eran amigos y enemigos. A veces, las tribus más grandes se apoderaban de las más pequeñas.

Y entonces, llegaron los romanos.

Los romanos

Durante la Guerra de las Galias, los romanos derrotaron a los galos. (¿Te acuerdas de ellos? Eran los celtas que vivían en la Europa continental). Después de las guerras galas, un famoso líder romano llamado Julio César intentó invadir Gran Bretaña en dos ocasiones. Lo intentó en los años 55 y 54 a. C., pero no tuvo éxito.

Los romanos volvieron a invadir Gran Bretaña en el año 43 de nuestra era. Esta vez, los romanos tuvieron éxito. Se apoderaron de Gran Bretaña. Los romanos llamaron a su nuevo territorio la provincia de Britania. La conquista duró poco más de cuarenta años.

Los soldados romanos construyeron fuertes, carreteras, puentes, plazas y ciudades en Britania. Les dieron nombres latinos.

Algunas tribus celtas nunca fueron conquistadas. Otras tribus se rebelaron. La cultura romana fue adoptada en algunas zonas conquistadas, sobre todo en el este de Inglaterra.

Britania abastecía a Roma de grano y carne. Los romanos también aprovecharon la excelente habilidad de los celtas para trabajar el metal y fabricar armas y joyas de calidad superior.

Roman Conquest of Britain
43 – 84

Based on Frere's *Britannia*,
Jones & Mattingly's *Atlas
of Roman Britain*, and
The Agricola by Tacitus

| 0 | km | 100 |
| 0 | mi | 50 |

Campaigns

- ■ 43 (Claudius)
- ■ 43-47 (Aulus Plautius)
- ■ 47-52 (Ostorius Scapula)
- ■ 52-57 (Didius Gallus)
- ■ 57 (Quintus Veranus)
- ■ 58-60 (Suetonius Paulinus)
- ■ 69-71 (Vettius Bolanus)
- ■ 71-73 (Pettilius Cerialis)
- ■ 73-77 (Julius Frontinus)
- ■ 77-84 (Agricola)

**Una mirada a cómo los romanos se
apoderaron lentamente de Gran Bretaña**

El tiempo avanzaba. El poderoso Imperio Romano, como todos los imperios, entró en decadencia. Las tropas fueron retiradas de Britania para defender Roma. Gran Bretaña fue una provincia de Roma durante casi cuatrocientos años, pero los romanos nunca la conquistaron en su totalidad.

Los anglosajones

Después de que las tropas romanas abandonaran Gran Bretaña en el año 410 d. C., otros vieron la oportunidad de invadirla. Los invasores fueron los anglos, los sajones, los jutos y los frisios. Hoy los llamamos anglosajones.

Los anglosajones eran agricultores y guerreros germánicos que hablaban lenguas indoeuropeas. Su tierra natal se situaba en la actual Dinamarca, Alemania y los Países Bajos.

Sus guerreros fueron contratados como soldados por un rey de Inglaterra para expulsar a los invasores del norte, principalmente los pictos y los celtas escoceses. Los guerreros anglosajones se dieron cuenta de que las ricas tierras de cultivo de Inglaterra eran mejores que las suyas. Decidieron apoderarse de ellas.

Muchos anglosajones no querían vivir en edificios romanos de piedra. Querían el mismo tipo de casas que tenían en sus tierras natales. Construyeron chozas de una sola habitación con techos de paja. La casa del jefe era la más grande. En ella cabían la familia, los guerreros y los sirvientes.

Los poblados estaban rodeados de altas vallas de madera para mantener alejados a los animales salvajes y a los enemigos. A veces, los animales de granja se guardaban en el poblado.

Algunos jefes se dieron cuenta de que las murallas de piedra de las ciudades romanas ofrecían mayor protección, así que se trasladaron allí.

Los anglosajones eran paganos. Probablemente tenían tantos dioses como los celtas. Construyeron templos de madera para sus dioses. Más tarde, estos templos se convirtieron en iglesias después de que el Papa de Roma enviara a un monje para convertirlos al cristianismo.

Este monje fue San Agustín. Llegó a Inglaterra en el año 597 de la era cristiana. Agustín convenció al rey anglosajón de Kent, Ethelbert, para que se hiciera cristiano. Otras tribus le siguieron. Inglaterra se convirtió pronto en un país cristiano.

Una fuente de cuentos y leyendas

Los anglosajones y los celtas libraron muchas batallas. Los celtas querían proteger y defender sus tierras. No tenemos mucha información sobre este periodo. Los registros de este periodo fueron grabados por monjes y abades después de que el cristianismo se popularizara. En su mayoría, registraron historias que les ayudarían a promover el cristianismo y señalar la locura (*necedad*) del paganismo.

El aspecto de Gran Bretaña en el año 600 d. C.

Tras la marcha de los romanos, los celtas crearon nuevos reinos en Inglaterra basados en las tradiciones celtas. Muchos reinos nuevos también fueron formados por poderosos líderes anglosajones. Los celtas elegían a sus gobernantes. La realeza anglosajona era hereditaria. Sus gobernantes y líderes tenían más privilegios que las clases trabajadoras.

Los celtas nunca desaparecieron del todo. Sus tradiciones ya no se celebraban como en el pasado. Sin embargo, los celtas se casaron con otros pueblos. Algunos abandonaron Gran Bretaña. Hoy, más de cien millones de personas están emparentadas con los antiguos celtas.

¿Puedes completar y colorear este dibujo para parecer un guerrero celta?

Lecturas recomendadas

Libros:

Deary, Terry. Celtas degollados (Historias horribles). 2022.

Green, Jen. National Geographic Investiga: Antiguos Celtas: La arqueología desvela los secretos del pasado de los celtas. 2008.

Pinard, Chris. Mitología celta para niños: cuentos de selkies, gigantes y el mar. 2020.

Amazon.es Los Celtas: En busca de una civilización eBook: Roberts, Alice: Kindle Store

Páginas web:

https://kids.britannica.com/kids/article/Celt/352934

https://celts.mrdonn.org/

https://localhistories.org/celtic-daily-life/

VÍDEOS:

"Un día en la vida de un celta". https://youtu.be/nthEmXpT7ww

"Diarios de la Edad de Hierro: Día Uno". https://youtu.be/qQJ7zFDYvDo ¡Echa un vistazo a los demás vídeos de esta serie!

"El auge de los celtas en Europa Central". https://youtu.be/M-sRb-tNlKI